P.B.

infos à connaître

LES PÔLES

infos à connaître

LES PÔLES

Steve Parker
Consultant : Camilla de la Bedoyere

Piccolia

© 2008 Miles Kelly Publishing
Tous droits réservés
© 2009 **Éditions Piccolia**
5, rue d'Alembert
91240 Saint-Michel-sur-Orge
Dépôt légal : 1er trimestre 2009
Loi n°49-956 du 16 juillet 1949
sur les publications destinées à la jeunesse.
Imprimé en Chine.

Remerciements aux artistes qui ont contribué
à l'élaboration de ce titre :

Mike Foster - Adam Hook - Ian Jackson - Andrea Morandi
Page 6 Lehtikuva Oy/Rex Features ; 9 George Burba/Istock ; 10 Rob Howard/CORBIS ; 11 MATTHIAS BREITER/Minden Pictures/FLPA ; 12 MICHIO HOSHINO/Minden Pictures/FLPA ; 13 PATRICIO ROBLES GIL/SIERRA MADRE/Minden Pictures/FLPA ; 14 Tom Bean/CORBIS ; 15 Sanford/Agliolo/Photolibrary ; 18 Michio Hoshino/Minden Pictures/FLPA ; 18 JIM BRANDENBURG/Minden Pictures/FLPA ; 21 Michio Hoshino/Minden Pictures/FLPA ; 22 Noel Hendrickson/Photolibrary; 24 MICHAEL QUINTON/Minden Pictures/FLPA ; 24 Fritz Polking/FLPA ; 26 Juniors Bildarchiv/Photolibrary ; 28 NORBERT WU/Minden Pictures/FLPA ; 30 Wolfgang Kaehler/CORBIS ; 31 FRED BRUEMMER/Still Pictures ; 31 Paul A. Souders/CORBIS ; 33 Tim Davis/Photolibrary ; 34 Bryan & Cherry Alexander Photography/Alamy ; 35 Jack Jackson/Robert Harding World Imagery/Corbis ; 35 Patrick Robert/Corbis ; 37 Galen Rowell/CORBIS 37-38 BRYAN & CHERRY ALEXANDER/NHPA ; 39 Bryan & Cherry Alexander Photography/Alamy ; 40 Stapleton Collection/Corbis ; 41 Jason Roberts/Push Pictures/Handout/epa/Corbis ; 42 ©TopFoto TopFoto.co.uk ; 43 VAN HASSELT JOHN/CORBIS SYGMA ; 44 Paul Souders/Corbis ; 45 Toby Zerna/Newspix/Rex Features ; 46 COLIN MONTEATH/Minden Pictures/FLPA ; 47 Bruno P. Zehnder/Still Pictures - Castrol, Corel, digitalSTOCK, digitalvision, John Foxx, PhotoAlto, PhotoDisc, PhotoEssentials, PhotoPro, Stockbyte

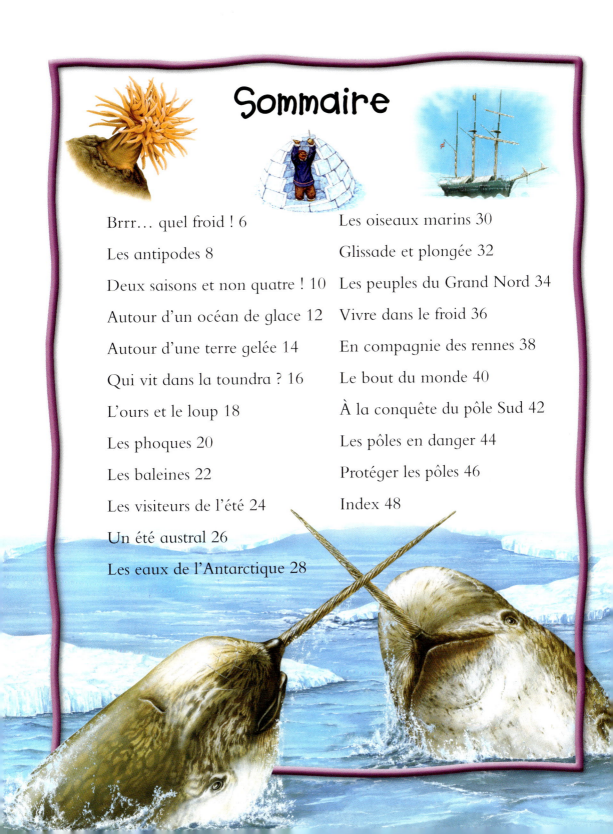

Sommaire

Brrr… quel froid ! 6

Les antipodes 8

Deux saisons et non quatre ! 10

Autour d'un océan de glace 12

Autour d'une terre gelée 14

Qui vit dans la toundra ? 16

L'ours et le loup 18

Les phoques 20

Les baleines 22

Les visiteurs de l'été 24

Un été austral 26

Les eaux de l'Antarctique 28

Les oiseaux marins 30

Glissade et plongée 32

Les peuples du Grand Nord 34

Vivre dans le froid 36

En compagnie des rennes 38

Le bout du monde 40

À la conquête du pôle Sud 42

Les pôles en danger 44

Protéger les pôles 46

Index 48

Brrr... quel froid !

1 **Les régions polaires se situent au nord et au sud de la Terre.** Ce sont les zones les plus froides et les plus venteuses du monde. Le sol y est gelé une grande partie de l'année. À perte de vue, on ne voit que de la glace et de la neige. Pourtant, des animaux, des plantes et même des hommes arrivent à survivre dans ces conditions extrêmes, surtout dans le Grand Nord !

▼ Ce brise-glace est si puissant qu'il est capable de briser des mètres d'épaisseur de glace. Il ouvre le passage pour que les autres bateaux puissent naviguer dans les eaux gelées. D'ailleurs, ils le suivent de très près car la glace se reforme en quelques heures.

Les antipodes

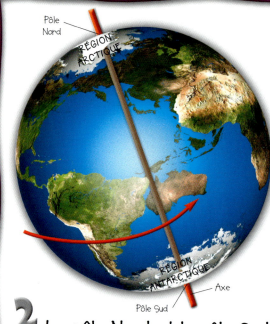

Pôle Nord
RÉGION ARCTIQUE
RÉGION ANTARCTIQUE
Axe
Pôle Sud

3 **La Terre a en fait quatre pôles !** Le nord et le sud géographiques sont définis par la position de la Terre selon son axe, mais il existe un pôle nord et un pôle sud magnétiques qui ne se trouvent pas au même endroit.
◀ La Terre tourne autour d'une ligne imaginaire, appelée l'axe, qui détermine les pôles nord et sud géographiques.

2 **Le pôle Nord et le pôle Sud sont situés à chaque extrémité de la Terre.** En 24 heures, notre planète fait une rotation complète autour de son axe. Ce dernier est une ligne invisible qui traverse la Terre en son milieu, d'un pôle à l'autre.

4 **La Terre est une sorte d'aimant géant.** Au centre de notre planète, se trouve un noyau solide (dit interne) recouvert d'un métal liquide très chaud : le magma. Ce dernier, constitué essentiellement de fer, forme le noyau externe. Lorsque la Terre tourne, le métal bouge tout autour du noyau interne, créant ainsi une force magnétique. Les pôles magnétiques se trouvent là où cette force est la plus puissante.

Péninsule antarctique

5 **Comme le magma bouge tout le temps, les pôles magnétiques se déplacent, et ce de quelques mètres par an.** Au cours de l'histoire, les pôles magnétiques se sont inversés plusieurs fois, c'est-à-dire que le pôle nord est devenu le pôle sud et vice-versa. Ces inversions se font 5 fois par million d'années et la dernière remonte à environ 780 000 ans.

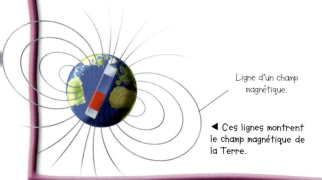

Ligne d'un champ magnétique.

◀ Ces lignes montrent le champ magnétique de la Terre.

▶ Le pôle Nord est situé au milieu de l'océan Arctique. Ce dernier gèle en hiver et est pratiquement recouvert par la banquise (étendue de glace).

OCÉAN ARCTIQUE
(banquise)

Pôle Nord géographique

GROENLAND

6 **La région polaire du Nord est l'Arctique.** Ce nom vient du mot grec « arktos » qui signifie « ours ». Il fait référence aux constellations d'étoiles de la Grande Ourse et de la Petite Ourse que l'on ne distingue que de l'hémisphère Nord. L'étoile Polaire (qui fait partie de la Petite Ourse) est l'une des étoiles les plus brillantes.

Pôle sud géographique

ANTARCTIQUE

◀▼ Le pôle Sud est situé au centre du continent Antarctique. Début avril, les manchots empereurs se rassemblent sur la terre glacée en colonies pour s'accoupler et mettre au monde les petits.

INCROYABLE !

L'Antarctique est le continent le plus froid du monde. En 1983, on a enregistré la température la plus basse jamais atteinte : − 89,6 °C, soit 4 fois plus froid que l'intérieur de ton congélateur !

7 **La région du pôle Sud s'appelle l'Antarctique.** Ce nom vient du grec et signifie « opposé à l'Arctique ». En effet, l'Antarctique et l'Arctique sont situés aux antipodes, c'est-à-dire qu'ils sont diamétralement opposés !

OCÉAN ANTARCTIQUE
(OU AUSTRAL)

Deux saisons et non quatre !

▲ Au pôle Nord, lors du solstice d'été (vers le 21 juin), le soleil reste toujours au-dessus de la ligne d'horizon.

8 L'axe de la Terre n'est pas vraiment vertical : il est incliné selon un angle de 23 degrés. C'est grâce à cette inclinaison et au fait que la Terre tourne autour du Soleil que nous avons des saisons ! Dans les climats tempérés, comme en Europe, nous en avons quatre mais dans les régions polaires, il n'en existe que deux : l'été et l'hiver.

9 La Terre tourne autour du Soleil. Le parcours dure 365 jours et 6 heures. Au cours de l'année, un pôle se trouve près du Soleil puis, six mois plus tard, c'est l'autre. C'est pourquoi nous avons des saisons.

10 Au solstice d'été, c'est-à-dire lors du jour le plus long, le soleil ne se couche pas en Arctique : la journée dure 24 heures ! Cela est dû au fait que le pôle Nord est exposé face au Soleil… D'ailleurs, pendant l'été, les journées sont très longues et les nuits extrêmement courtes voire inexistantes !

◀ Quand le soleil reste au-dessus de la ligne d'horizon pendant la nuit, on appelle cela le soleil de minuit ou le jour polaire.

11 Lorsque le pôle Nord se trouve du côté opposé au Soleil, il y fait nuit en permanence. Pendant un jour au moins, le soleil ne se lève même pas. C'est le solstice d'hiver qui a lieu vers le 21 décembre. La région tout autour du pôle Nord où il fait nuit s'appelle le cercle arctique. Bien entendu, le même phénomène se produit au pôle Sud : mais quand il fait nuit dans le cercle antarctique, c'est vers le 21 juin puisqu'il est opposé au pôle Nord !

12 Parfois, la nuit, d'étranges phénomènes lumineux se produisent dans le ciel. C'est ce qu'on appelle les aurores polaires. Celles d'Arctique sont nommées aurores boréales et celles d'Antarctique des aurores australes. Très spectaculaires, elles ont différentes formes ou couleurs et bougent dans le ciel.

▼ Au pôle Nord, des campeurs viennent admirer les aurores boréales. Ce jour-là, elle est jaune mais un autre jour, elle peut être bleue ou rouge !

ENSOLEILLÉ OU PAS ?

Tu auras besoin de :
une pomme – une lampe de bureau

Imagine que ta pomme soit la Terre, et ta lampe, le Soleil. La queue de la pomme représente le pôle Nord. Tiens ton fruit en l'inclinant légèrement, la queue exposée à la lumière. Puis, fais tourner la pomme sur elle-même. Tu vois que la queue reste toujours éclairée mais que l'extrémité opposée reste dans le noir. Voilà ce qui se passe en été dans le cercle Arctique et celui de l'Antarctique !

13 Les aurores polaires sont en fait de petites particules qui proviennent du Soleil, qu'on appelle le vent solaire. Piégées par le magnétisme de la Terre, elles entrent en contact avec des molécules de gaz contenues dans l'air et elles se mettent à briller. Ce phénomène se produit à une altitude de plus de 80 kilomètres dans le ciel, bien plus haut que ne peuvent voler les avions !

Autour d'un océan de glace

14 L'Arctique est en fait une zone gelée de l'océan Arctique, entourée de terres. L'océan Arctique est le plus petit de tous ; il mesure environ 14 millions de kilomètres carrés ! L'hiver, la glace au centre peut atteindre 3 mètres d'épaisseur, voire plus. Elle fond en été, mais pas complètement.

15 Des morceaux de glace se détachent régulièrement et dérivent sur l'océan. Les icebergs sont d'énormes blocs dont la partie sous l'eau est très épaisse ; les banquises sont de longues étendues détachées de la banquise permanente, c'est-à-dire de la glace constamment gelée sur les côtes de l'océan Arctique.

▶ Au printemps, les troupeaux de rennes migrent vers le nord pour se nourrir des plantes de la toundra.

16 Bien que le sol soit gelé une grande partie de l'année, des plantes poussent sur les terres qui entourent l'océan Arctique. La végétation est essentiellement composée de petits buissons, de mousses, de lichens et de plantes à fleurs dont il existe plus de 400 espèces différentes. C'est ce qu'on appelle la toundra.

▶ Le lièvre arctique a un pelage tout blanc en hiver et marron en été... idéal pour se camoufler dans son environnement !

17 **Une immense forêt de conifères, appelée la taïga, entoure la toundra.** Également appelée forêt boréale, c'est la plus grande de notre planète. Les conifères sont des arbres dont les feuilles, appelées aiguilles, sont fines et pointues. Leurs branches penchent vers le bas, ce qui permet à la neige de glisser facilement. En effet, si trop de neige s'accumulait sur les branches, celles-ci se briseraient sous le poids.

18 **Les rennes, appelés caribous en Amérique du Nord, vivent dans les forêts boréales en hiver.** Mais quand vient l'été, ils entreprennent de longs voyages (des migrations) pour habiter la toundra, riche en plantes dont ils se nourrissent. Ils sont souvent suivis par des meutes de loups qui s'attaquent aux plus faibles : les jeunes, les vieux ou les blessés !

ICEBERG FLOTTANT

Les icebergs sont plus gros qu'ils ne paraissent. Remplis un récipient en plastique d'eau et mets-le dans le congélateur. Le lendemain, démoule ton bloc de glace et fais-le flotter dans un évier rempli d'eau bien froide. Regarde ce qui dépasse. On ne voit émerger qu'un dixième de son épaisseur environ, le reste étant sous l'eau !

▲ En été, lorsqu'il n'y a plus de neige, les ours bruns s'aventurent hors de la taïga pour aller manger les plantes de la toundra.

19 **Dans certaines régions arctiques, le sol ne dégèle jamais.** On l'appelle le permafrost. C'est dans ce sol que l'on a découvert de nombreux restes de mammouths, ce qui nous a permis d'estimer l'âge du permafrost : 10 000 à 15 000 ans !

Autour d'une terre gelée

20 **L'Antarctique est très différent de l'Arctique.** Ce dernier est un océan entouré de terres alors que l'Antarctique est une terre entourée d'un océan. C'est un immense continent de plus de 14 millions de kilomètres carrés, couvert pour l'essentiel de glace. On y trouve des montagnes, des vallées et même de vieux volcans, mais pratiquement tout est caché sous la glace.

▶ Un glacier est une bande de neige et de glace qui glisse lentement et s'écoule vers l'océan.

Neige tassée et glace
Glacier
Crevasse
Front du glacier
Neige tassée et glace

21 **L'Antarctique est entouré de l'océan Austral, appelé autrefois l'océan glacial Antarctique.** Il est plus grand et plus profond que l'océan Arctique. Contrairement aux autres océans, c'est le seul qui ne soit pas délimité par des terres. Ses frontières se trouvent au sud de l'océan Atlantique, de l'Indien et du Pacifique. Les zones les plus profondes, appelées les bassins, peuvent atteindre 5 000 mètres !

◀ Les icebergs sont d'énormes blocs de glace qui se détachent des glaciers et flottent sur la mer.

INCROYABLE !

L'hiver, la femelle de l'ours blanc se fait des réserves de graisse puis creuse un trou pour donner naissance à 2 ou 3 petits. Pendant 4 mois, elle les protégera et les allaitera sans se nourrir !

34 **Les loups chassent en meute.** Ensemble, ils poursuivent, encerclent et traquent les rennes ou les bœufs musqués jusqu'à ce qu'ils soient épuisés. Cependant, il leur arrive de s'attaquer seuls à des proies plus petites, comme les lièvres, les campagnols et les lemmings.

▶ L'ours polaire est le plus gros carnivore terrestre. Pourtant, à la naissance, les oursons sont minuscules : ils ne mesurent que 20 cm et pèsent environ 600 grammes !

33 **Bon nageur, l'ours polaire n'hésite pas à plonger pour attraper des poissons ou des phoques.** Solitaire, il peut également parcourir des centaines de kilomètres sur la banquise pour se nourrir. Il a une épaisse fourrure et, sous la peau, une grosse couche de graisse qui lui permet de supporter les températures rigoureuses de l'hiver.

35 **Dans une meute, seuls le mâle et la femelle dominants (le couple alpha) s'accouplent et ont des petits.** Les autres loups du groupe s'occupent des louveteaux, chassent pour les nourrir et défendent le territoire de la meute contre tout prédateur.

▼ Ces loups essaient de disperser le troupeau de bœufs musqués pour s'attaquer aux petits.

Les phoques

36 De nombreuses espèces de phoques vivent dans les régions arctiques : le phoque annelé, le barbu, le tacheté, celui du Groenland, celui à capuchon et le veau marin. La plupart se nourrissent de poissons, de calamars et de minuscules crevettes, appelées le krill, que les baleines apprécient aussi.

VRAI OU FAUX

1. Le phoque est le seul animal qui mange du krill. 2. Le phoque a une épaisse couche de graisse sous la peau. 3. Les morses prennent des bains de soleil en été. 4. Les phoques donnent naissance à trois petits. 5. Les ours polaires s'attaquent aux phoques.

Réponses : 1. Faux ; 2. Vrai ; 3. Vrai ; 4. Faux ; 5. Vrai

◀ Les phoques peuvent vivre sous la banquise mais ils creusent des trous dans la glace et remontent à la surface pour y respirer.

37 Le phoque a une épaisse fourrure imperméable. D'ailleurs, comme l'ours polaire, son principal ennemi, il possède une couche de graisse sous la peau ; elle lui permet de maintenir la chaleur interne de son corps. Excellent nageur, il est doté de poumons et doit remonter régulièrement à la surface pour respirer.

38 Au printemps, les phoques s'accouplent dans l'eau. Mais, pour la plupart des espèces, les femelles montent sur la banquise pour mettre bas. En règle générale, la mère ne donne naissance qu'à un seul petit. Il grandit très vite car le lait maternel dont il se nourrit est riche en graisse et en protéines.

▼ En été, les morses prennent des bains de soleil sur la terre ferme. Pour cela, ils se servent de leurs nageoires et de leurs longues défenses pour se hisser sur la rive !

39 La femelle phoque doit aller se nourrir. Pour cela, elle retourne dans l'océan. Son petit ne peut pas la suivre car sa fourrure n'est pas encore imperméable à l'eau. Il reste donc sur la glace, à la merci des prédateurs. Ce n'est qu'à l'âge de quatre semaines environ qu'il pourra suivre sa mère !

40 Le morse n'est pas un phoque mais il vit comme lui, en Arctique. Il est reconnaissable à ses deux immenses dents, appelées défenses, qui peuvent atteindre un mètre de long pour certaines ! Les morses mâles s'en servent pendant la période des amours en combattant entre eux pour s'approprier une femelle. Ils les utilisent aussi en les plantant dans la glace pour se hisser quand ils veulent aller sur la terre ferme. Un morse mesure jusqu'à 3,50 m et pèse plus de 1,20 tonne !

Les baleines

42 Vers l'âge de 5 ans, quand il devient adulte, le béluga a une peau toute blanche, ce qui lui a valu le nom de baleine blanche. Il communique avec ses congénères en produisant toute une variété de sons compliqués. Son chant mélodieux peut se propager sur de longues distances dans l'océan. Les vieux marins le surnommaient le « canari des mers ».

▲ Le béluga a des lèvres très souples, et il fait une sorte de moue, comme pour embrasser, afin d'aspirer les poissons.

43 Comme le narval, le béluga mesure de 3 à 5 mètres et pèse 1,6 tonne environ. Il se nourrit de poissons, de calamars et de coquillages.

41 En été, de nombreuses baleines, comme la baleine bleue, migrent dans les eaux polaires... Certaines y vivent même pendant toute l'année, comme le narval et le béluga.

INCROYABLE !
Également appelée baleine du Groenland, la baleine boréale mesure 18 mètres et a une tête immense qui fait près du tiers de son corps. Les grands fanons de sa bouche atteignent plus de 4 mètres de long !

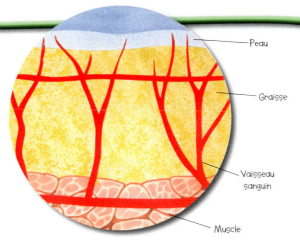

▲ Les baleines, les phoques, les ours polaires et autres mammifères du froid ont une épaisse couche de graisse sous la peau. Elle joue un rôle d'isolant thermique et permet à l'animal de supporter les températures rigoureuses de l'eau.

45 **La baleine franche et la baleine boréale sont des baleines à fanons.** Elles possèdent des sortes de fanons en forme de brosses dans la bouche qui leur permettent de filtrer des animaux minuscules, appelés plancton. Ces baleines peuvent peser jusqu'à 80 tonnes. Ce sont des animaux très rares, il n'y a que quelques centaines de baleines franches.

44 **Le narval mâle possède une très longue dent en forme d'épée sur la mâchoire supérieure.** C'est pourquoi il est souvent appelé la « licorne de mer » ! Mesurant près de 3 mètres de long, sa défense lui sert à fouiller le fond marin pour trouver ses proies et se nourrir.

46 **L'orque est le plus grand prédateur de l'océan Arctique.** Ce n'est pas une baleine mais un dauphin ! Appelée aussi épaulard, elle mesure jusqu'à 8 mètres et pèse environ 5 tonnes ! Elle vit en groupe de 5 à 30 individus et chasse les poissons, les phoques, les oiseaux marins et même les baleines !

▶ Pendant la période des amours, les narvals mâles se battent à coup de défenses.

Les visiteurs de l'été

47 Certains animaux migrent vers l'Arctique pour profiter de l'été. À cette période, les jours sont longs et la nourriture est abondante. C'est en automne que les animaux migrateurs retournent dans des régions plus chaudes.

48 De tous les animaux migrateurs, c'est la sterne arctique qui fait le plus long voyage. Elle traverse la planète : en été, elle pond ses œufs en Arctique et retourne en Antarctique pour profiter de l'été austral. Elle parcourt ainsi plus de 30 000 kilomètres par an !

▼ La sterne arctique plonge dans l'eau pour attraper des petits poissons et du krill dont elle se nourrit.

▼ Les oies des neiges volent en grandes formations vers la toundra d'Amérique du Nord. Chaque couple mettra au monde de 2 à 6 poussins.

22
Lors de la saison la plus froide (de mars à septembre), la température moyenne est de −65 °C. L'eau près des terres de l'Antarctique gèle et forme une épaisse couche de glace, appelée la banquise.

23
Les terres de l'Antarctique sont recouvertes constamment d'une épaisse nappe de glace qu'on nomme la calotte glaciaire. Également appelée inlandsis, cette calotte est formée par la neige qui tombe sur le continent. C'est donc de l'eau douce et non de l'eau salée comme les banquises. D'immenses blocs se détachent des glaciers provenant de l'inlandsis : ce sont les icebergs !

24
Les icebergs dérivent au gré des courants de l'océan. Seul un dixième de leur épaisseur se voit au-dessus de la surface de l'eau, le reste est en dessous. C'est ainsi que le Titanic, un paquebot de 2 200 passagers, a coulé dans la nuit du 14 avril 1912 en heurtant un iceberg !

INCROYABLE !
Par endroits, la couche de glace qui recouvre le continent de l'Antarctique (l'inlandsis) mesure plus de 3 000 mètres. Il faut donc creuser à cette profondeur pour trouver la roche ou des cours d'eau et des lacs !

▶ La plus grande partie d'un iceberg est cachée sous la surface de l'eau. Parfois, il est si épais qu'il racle le fond de l'océan.

Qui vit dans la toundra ?

◀ Le lagopède change de plumage : il est blanc en hiver et brun en été.

25 Contrairement au continent austral, de nombreux animaux vivent dans le Grand Nord. Ils arrivent à survivre aux températures glaciales grâce à leur épaisse fourrure ou aux plumes et duvets qu'ils ont sur le corps. Généralement, quand vient le printemps, le pelage ou le plumage tombe et se renouvelle. C'est ce qu'on appelle la mue.

26 Le harfang des neiges vit essentiellement dans la toundra. La femelle pond ses œufs dans des trous creusés dans le sol et les couve plus d'un mois. Pendant ce temps et après éclosion des œufs, le mâle nourrit sa femelle et sa progéniture.

▶ Les poussins des harfangs restent au nid près de 2 mois avant d'être capables de s'envoler et trouver leur nourriture seuls !

27 Pour se préparer aux rigueurs de l'hiver, le lagopède mue et se couvre d'épaisses plumes blanches. Ses pattes, presque nues en été, sont couvertes d'un épais plumage. Même ses pieds sont munis de plumes, lui permettant de ne pas glisser sur la neige !

INCROYABLE !

En règle générale, la femelle harfang des neiges pond entre 4 à 6 œufs. Cependant, s'il y a beaucoup de lemmings, elle peut en pondre plus d'une dizaine car elle sait que ses poussins ne mourront pas de faim. Mais quand il y en a trop peu, elle ne se reproduit pas du tout, faute de nourriture !

◀ Le spermophile arctique est un écureuil qui ne vit que sur la terre ferme et non comme d'autres dans les arbres. Il se nourrit de plantes, de graines et de baies. Il hiberne près de 7 mois par an.

30 **Le bœuf musqué vit dans la toundra.** Il vit en groupe, de 10 à 20 individus en moyenne. Dès qu'ils se sentent en danger, les mâles et les femelles se mettent en cercle, cornes vers l'extérieur, pour défendre les jeunes qui se trouvent au centre !

28 **Également appelé souslik arctique, le spermophile du Grand Nord creuse des terriers très élaborés où il vit en famille.** Lorsque plusieurs de ses membres vont chercher de la nourriture, un spermophile fait le guet, poussant des cris d'alerte quand il sent le moindre danger.

29 **En Amérique du Nord, un élan s'appelle orignal.** Seul le mâle est muni de cornes, larges et aplaties (les bois) qu'il perd au printemps. En hiver, il s'en sert pour se défendre contre les prédateurs – les ours bruns ou les loups – tout en assénant des coups de pattes avant. Herbivore, il se nourrit d'algues de rivière l'été, de brindilles et d'écorces l'hiver.

▶ L'élan est le plus grand de la famille des cerfs. Un mâle mesure jusqu'à 2 mètres.

L'ours et le loup

▲ Le renard polaire, également appelé isatis, est le meilleur ami de l'ours polaire : il le suit très souvent pour se nourrir des restes de ses victimes !

31 Appelé aussi ours blanc, l'ours polaire mesure près de 2,50 mètres de long et pèse une demi-tonne pour le mâle. C'est le seul de tous les ursidés (famille des ours) à se nourrir exclusivement de viande. Les autres mangent des végétaux voire des insectes.

32 Grâce à son pelage blanc, l'ours passe inaperçu dans son environnement. C'est ainsi qu'il arrive à chasser ses proies, de préférence les phoques. Comme tout mammifère, ces derniers remontent à la surface de l'eau pour respirer. Ils font donc des trous dans la glace pour y prendre de l'air. L'ours les attend pour les attraper et les manger !

Les baleines

42 Vers l'âge de 5 ans, quand il devient adulte, le béluga a une peau toute blanche, ce qui lui a valu le nom de baleine blanche. Il communique avec ses congénères en produisant toute une variété de sons compliqués. Son chant mélodieux peut se propager sur de longues distances dans l'océan. Les vieux marins le surnommaient le « canari des mers ».

▲ Le béluga a des lèvres très souples, et il fait une sorte de moue, comme pour embrasser, afin d'aspirer les poissons.

43 Comme le narval, le béluga mesure de 3 à 5 mètres et pèse 1,6 tonne environ. Il se nourrit de poissons, de calamars et de coquillages.

41 En été, de nombreuses baleines, comme la baleine bleue, migrent dans les eaux polaires... Certaines y vivent même pendant toute l'année, comme le narval et le béluga.

INCROYABLE !
Également appelée baleine du Groenland, la baleine boréale mesure 18 mètres et a une tête immense qui fait près du tiers de son corps. Les grands fanons de sa bouche atteignent plus de 4 mètres de long !

▼ En été, les morses prennent des bains de soleil sur la terre ferme. Pour cela, ils se servent de leurs nageoires et de leurs longues défenses pour se hisser sur la rive !

39 **La femelle phoque doit aller se nourrir.** Pour cela, elle retourne dans l'océan. Son petit ne peut pas la suivre car sa fourrure n'est pas encore imperméable à l'eau. Il reste donc sur la glace, à la merci des prédateurs. Ce n'est qu'à l'âge de quatre semaines environ qu'il pourra suivre sa mère !

40 **Le morse n'est pas un phoque mais il vit comme lui, en Arctique.** Il est reconnaissable à ses deux immenses dents, appelées défenses, qui peuvent atteindre un mètre de long pour certaines ! Les morses mâles s'en servent pendant la période des amours en combattant entre eux pour s'approprier une femelle. Ils les utilisent aussi en les plantant dans la glace pour se hisser quand ils veulent aller sur la terre ferme. Un morse mesure jusqu'à 3,50 m et pèse plus de 1,20 tonne !

Les phoques

36 **De nombreuses espèces de phoques vivent dans les régions arctiques :** le phoque annelé, le barbu, le tacheté, celui du Groenland, celui à capuchon et le veau marin. La plupart se nourrissent de poissons, de calamars et de minuscules crevettes, appelées le krill, que les baleines apprécient aussi.

> **VRAI OU FAUX**
> 1. Le phoque est le seul animal qui mange du krill. 2. Le phoque a une épaisse couche de graisse sous la peau. 3. Les morses prennent des bains de soleil en été. 4. Les phoques donnent naissance à trois petits. 5. Les ours polaires s'attaquent aux phoques.
>
> Réponses : 1. Faux ; 2. Vrai ; 3. Vrai ; 4. Faux ; 5. Vrai

◀ Les phoques peuvent vivre sous la banquise mais ils creusent des trous dans la glace et remontent à la surface pour y respirer.

37 **Le phoque a une épaisse fourrure imperméable.** D'ailleurs, comme l'ours polaire, son principal ennemi, il possède une couche de graisse sous la peau ; elle lui permet de maintenir la chaleur interne de son corps. Excellent nageur, il est doté de poumons et doit remonter régulièrement à la surface pour respirer.

38 **Au printemps, les phoques s'accouplent dans l'eau.** Mais, pour la plupart des espèces, les femelles montent sur la banquise pour mettre bas. En règle générale, la mère ne donne naissance qu'à un seul petit. Il grandit très vite car le lait maternel dont il se nourrit est riche en graisse et en protéines.

INCROYABLE !

L'hiver, la femelle de l'ours blanc se fait des réserves de graisse puis creuse un trou pour donner naissance à 2 ou 3 petits. Pendant 4 mois, elle les protégera et les allaitera sans se nourrir !

34 Les loups chassent en meute. Ensemble, ils poursuivent, encerclent et traquent les rennes ou les bœufs musqués jusqu'à ce qu'ils soient épuisés. Cependant, il leur arrive de s'attaquer seuls à des proies plus petites, comme les lièvres, les campagnols et les lemmings.

▶ L'ours polaire est le plus gros carnivore terrestre. Pourtant, à la naissance, les oursons sont minuscules : ils ne mesurent que 20 cm et pèsent environ 600 grammes !

33 Bon nageur, l'ours polaire n'hésite pas à plonger pour attraper des poissons ou des phoques. Solitaire, il peut également parcourir des centaines de kilomètres sur la banquise pour se nourrir. Il a une épaisse fourrure et, sous la peau, une grosse couche de graisse qui lui permet de supporter les températures rigoureuses de l'hiver.

35 Dans une meute, seuls le mâle et la femelle dominants (le couple alpha) s'accouplent et ont des petits. Les autres loups du groupe s'occupent des louveteaux, chassent pour les nourrir et défendent le territoire de la meute contre tout prédateur.

▼ Ces loups essaient de disperser le troupeau de bœufs musqués pour s'attaquer aux petits.

49 **Le cachalot vit dans tous les océans du monde.** Il se reproduit et donne naissance à son petit dans les mers chaudes mais migre en Arctique pour faire le plein de nourriture : il plonge très profondément pour trouver les poissons et les calamars géants.

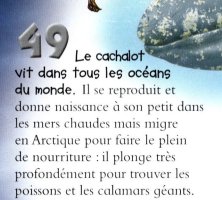

▲ Les bébés des baleines grises suivent leur maman pendant le long voyage vers le Nord, mais ils se font souvent attaquer par les requins et les orques.

50 **Les oies nidifient en été au pôle Nord.** C'est le cas, entre autres, de l'oie des neiges ou de la bernache nonette. Elles se nourrissent de plantes et de mousses dans la toundra marécageuse. Elles raffolent aussi des mouches et autres insectes qu'elles trouvent près des points d'eau, le long des rives. À l'arrivée de l'hiver, elles retournent près des côtes de l'océan Atlantique.

51 **Appelée également la baleine à six bosses, la baleine grise vit au large du Pacifique.** En été, elle migre vers la mer de Barents pour s'y nourrir. Ensuite, elle retourne dans les eaux plus chaudes de la Californie ou du Mexique, où elle passe l'été à se reposer ou à se reproduire. Elle parcourt ainsi près de 20 000 kilomètres par an. C'est la plus longue migration de tous les mammifères.

QUIZ

Quel est l'autre nom de :

1. la baleine à six bosses ;
2. l'orque ;
3. la baleine bleue ;
4. l'ours polaire ;
5. le renard polaire.

Réponses : 1. la baleine grise ; 2. l'épaulard ; 3. le rorqual bleu ; 4. l'ours blanc ; 5. l'isatis.

Un été austral...

52 Pendant l'été, l'océan Antarctique déborde de vie. La température n'y est certes pas très chaude mais l'eau contient de nombreux nutriments comme, par exemple, le plancton – végétaux ou animaux microscopiques qui se laissent porter par les courants. Il sert de nourriture à bon nombre de poissons et de mammifères marins ainsi qu'aux calamars.

53 L'abondance de krill (plancton formé de minuscules crustacés) attire les animaux marins, même les plus grands. Longue de 30 mètres avec un poids de 150 tonnes, la baleine bleue est l'animal le plus grand de la planète. Elle vient passer l'été dans l'océan Austral, comme la baleine à bosse ou le rorqual commun.

54 Le phoque crabier, l'éléphant de mer et le léopard de mer vivent près des côtes de l'Antarctique. Le phoque crabier a été appelé ainsi car on a cru très longtemps qu'il mangeait des crabes. Or, il n'en est rien : il se nourrit de krill. Long de 3 mètres environ, le léopard de mer a des taches sombres sur le corps et est un redoutable prédateur carnivore, d'où son nom.

55 On a baptisé l'éléphant de mer ainsi car le mâle a sur le museau un appendice en forme de petite trompe. Ce phoque passe des semaines en mer à se nourrir avant de se regrouper en colonies sur les plages pour se reproduire. Chaque mâle peut avoir un harem de 40 femelles !

▼ Ces éléphants de mer mâles se battent pour s'approprier un territoire sans lequel ils ne peuvent avoir de petits. Dressés face à face, ils cherchent à impressionner l'autre tout en essayant de le mordre. Ils peuvent s'infliger de graves blessures jusqu'à en mourir !

56 L'éléphant de mer plonge plus profond que les autres phoques. Il peut atteindre des profondeurs de 1 000 mètres et rester sous l'eau pendant plus de 50 minutes avant d'aller respirer à la surface. Il se nourrit de poissons et de calamars ainsi que de crabes et de crevettes qu'il attrape au fond de l'océan.

INCROYABLE !

Alors que la femelle ne mesure que 3 mètres pour un poids de 800 kg, un grand mâle peut atteindre 6 m de long et peser près de 4 tonnes ! Il est 3 à 4 fois plus gros que la femelle. C'est pourquoi les mères protègent leurs petits pour qu'ils ne soient pas écrasés par leur père !

Les eaux de l'Antarctique

57 D'autres animaux marins que les phoques et les baleines vivent dans les eaux de l'océan Austral. Par exemple, on y trouve des méduses qui dérivent au gré des courants. Avec leurs longs tentacules, elles piquent leurs proies s'approchant trop près d'elles et les entraînent dans leur bouche, située au milieu de leur corps (appelé ombrelle).

▼ L'anémone Isotealia vit à une profondeur de 50 à 500 mètres. Elle attrape tout ce qu'elle peut, y compris les méduses et les oursins.

58 Très souvent, la température de l'océan est en dessous de 0 °C. Pourtant, l'eau ne gèle pas car elle est salée. Contrairement à l'eau douce, il lui faut une température en dessous de 0 °C pour se solidifier. Tout dépend également de son taux de salinité c'est-à-dire que plus l'eau est salée, plus la température doit être basse pour qu'elle puisse geler ! De plus, les courants et les vagues brisent les cristaux de glace au fur et à mesure qu'ils se forment.

▶ La Desmonema glaciale mesure plus d'un mètre de diamètre et ses tentacules près de 5 mètres de long. Élégante, elle ondule sa silhouette pour se déplacer dans les eaux australes mais on ignore encore à quelle profondeur elle peut descendre !

59 Les anémones de mer ont, comme les méduses, des tentacules urticants avec lesquels elles attrapent leurs proies. Cependant, elles ne se déplacent pas car leur corps est accroché à un rocher. L'autre extrémité comporte la bouche située au milieu, entourée de tentacules qui paralysent les petits poissons et autres animaux. Ensuite, il ne leur reste plus qu'à les manger !

DEVINETTE

Souples et longs, les animaux qui en ont s'en servent pour toucher ce qui les entoure ou pour attraper leurs proies. Ceux des pieuvres sont plein de ventouses !

Réponses : Des tentacules

60 Les scientifiques ont découvert que certains poissons avaient dans leur corps une protéine antigel. Elles permettent à leur organisme de survivre dans les eaux glaciales de l'Antarctique. L'été, ils passent leur temps à se nourrir mais ils hivernent quand les températures commencent à être trop basses : ils restent dans un abri et deviennent totalement inactifs.

Les oiseaux marins

61 Tous les ans, des centaines d'espèces d'oiseaux migrent en Antarctique. Ils y viennent pour se reproduire ou pour se nourrir. Après avoir volé au-dessus de l'océan, ils se posent sur des îles proches du continent, là où les terres ne sont pas gelées.

INCROYABLE !
Un albatros peut voler 1 000 kilomètres sans se poser sur le sol. Pour se nourrir, il rase la surface de l'eau et attrape les poissons avec son bec. Il dormirait en volant !

62 L'albatros hurleur est l'oiseau qui a les plus longues ailes. D'une envergure de 3,50 mètres, elles sont étroites et permettent à l'animal de planer en profitant des courants ascendants des vents. Les jeunes ne savent voler que vers l'âge de 8 mois.

▶ Le cinclode fuligineux est sans cesse en quête de nourriture. Celui-ci picore la peau d'une femelle éléphant de mer.

63 **Le cinclode fuligineux est un grand gourmand.**
Il dévore tout ce qu'il trouve : il pêche les coquillages et les crevettes le long des côtes ou mange les crabes ou les étoiles de mer morts, échoués sur la rive.
Peu craintif, il s'approche des nids pour voler la nourriture que les oiseaux régurgitent à leurs petits.

64 **Apparenté à la mouette, le labbe de McCormick est un oiseau parasite !**
Pour se nourrir, il pêche son poisson en plongeant dans l'eau. Mais, il lui arrive souvent d'attaquer d'autres oiseaux en plein vol, les forçant à lâcher la proie qu'ils ont dans leur bec pour la leur voler !

▶ Grâce à son long bec, le labbe de McCormick perce l'œuf du manchot empereur. Il avale ensuite le liquide ou le poussin qui se trouve à l'intérieur.

Glissade et plongée

65 **Les manchots sont des oiseaux que l'on ne trouve que dans l'hémisphère Sud.** Leurs ailes atrophiées ne leur sont d'aucune utilité pour voler ! Ceci dit, elles leur servent à se déplacer dans l'eau et en font d'excellents nageurs. Sur les 18 espèces répertoriées, la plupart vivent sur les îles et les côtes de l'océan Austral ainsi que sur le continent Antarctique.

▼ La superposition des plumes du manchot lui permet de rester imperméable dans l'eau et de l'isoler du froid.

1. Les longues plumes se superposent et piègent l'air dans la couche de duvet. Ainsi, le manchot reste au chaud et sa peau n'est jamais en contact avec l'eau.

2. Au sol, quand la température est clémente, le manchot se rafraîchit en écartant ses longues plumes pour libérer l'air chaud piégé dans le duvet.

66 **Le manchot empereur est le plus grand de tous.** Il mesure jusqu'à 1,20 mètre et pèse près de 40 kg. Il ne construit pas de nid ; la femelle pond un seul œuf sur la glace. Immédiatement, elle le confie au mâle et elle entame un long voyage en mer pour se nourrir.

▶ Les manchots Adélie glissent le long de la pente glacée et plongent dans l'eau pour s'y nourrir de krill.

DEBOUT !

Tu auras besoin de :
carton - feutres - ruban adhésif

Fabrique un manchot de 30 centimètres de haut dans du carton. Découpe le corps, la tête, les deux nageoires et les deux pieds. Colore-les avec tes feutres. Attache les différents morceaux puis essaie de faire tenir ton manchot debout. Ce n'est pas facile ! Par chance, il a également une petite queue raide. Ajoute-la et ton manchot retrouvera l'équilibre !

67 **Le manchot empereur mâle passe deux mois à couver son œuf.** Il le porte sur ses pattes et le protège d'un repli de peau qu'il a sur le ventre. Pendant cette période, il ne se nourrit pas, vivant grâce à ses réserves de graisse. Une fois l'œuf éclos, le père s'occupe de son poussin jusqu'à ce que la femelle revienne enfin de son long voyage. Après quoi, le mâle part à son tour en mer pour s'alimenter.

68 **Après l'empereur, le manchot royal est la deuxième plus grande espèce.** Mesurant 90 cm pour un poids moyen de 15 kg, il ne nidifie pas. Quand le petit naît, il reste sur les pieds de ses parents puis, quand sa fourrure est assez drue, il vit à leurs côtés. Mais, il ne pourra les suivre en mer qu'à l'âge de 11 mois, lorsque ses plumes seront formées et étanches.

Les peuples du Grand Nord

69 Les régions arctiques sont habitées depuis plus de 10 000 ans ! Aujourd'hui, des peuples vivent dans le nord du Canada, en Scandinavie ou en Sibérie dans des conditions difficiles. On peut citer, entre autres, les Inuits, les Aléoutes, les Koryaks et les Chukchis.

INCROYABLE !

Avec le vent, les températures paraissent encore plus froides. Le vent transperce nos vêtements les plus chauds et chasse immédiatement notre chaleur corporelle. Certaines parties de notre corps sont plus fragiles que d'autres : le nez, les doigts et les orteils peuvent geler en quelques minutes.

70 Autrefois, la vie était très rude ! Les hommes se déplaçaient à pied ou en luge et lorsqu'ils rentraient dans leur abri, il n'y avait ni eau, ni électricité. Maintenant, les motoneiges, les hélicoptères et les brise-glaces permettent de voyager facilement : l'Arctique n'est plus coupé du monde. Les gens peuvent ainsi se déplacer sans difficulté et vivent dans de vraies maisons, bâties en dur, avec des télévisions et des ordinateurs.

▼ Les motoneiges sont équipées de skis à l'avant qui permettent de diriger l'engin et de chenilles à l'arrière pour le propulser. Ici, un Saami franchit un lac couvert de glace et de neige en Finlande.

71 La pêche est l'industrie la plus importante de l'Arctique. Avec leurs énormes filets, les chalutiers capturent les poissons et crustacés à une très grande échelle. Fort heureusement, la pêche à la baleine et aux phoques est interdite aujourd'hui mais les bateaux prennent toute leur nourriture, si bien que ces animaux sont toujours en danger !

▶ Avant que n'arrive le progrès technologique, les hommes se nourrissaient beaucoup de poissons qu'ils attrapaient eux-mêmes. Encore aujourd'hui, la pêche traditionnelle tient toujours une place importante. Ici, cet homme a fait un trou dans la glace, y a introduit sa canne à pêche et attend que cela morde !

72 De nombreux peuples du Grand Nord possèdent des fusils.

Autrefois, ils chassaient les phoques ou autres animaux avec des lances et des hameçons. Cependant, les chasseurs d'aujourd'hui doivent faire preuve de beaucoup de patience : craintifs, les animaux sont difficiles à discerner dans le blanc immaculé de la neige.

▼ Le tourisme prend de plus en plus d'ampleur à Ilulissat, au Groenland. Devenu site classé au patrimoine mondial, les visiteurs viennent admirer les icebergs qui se détachent du glacier Sermeq Kujalleq.

73 La découverte de pétrole, de charbon et de minerais a attiré de nombreux industriels.

Des implantations se sont installées le long des côtes. Comme il n'y a pas de bûches d'arbre à brûler, les maisons sont chauffées avec le pétrole issu des puits non loin ou avec le charbon des mines locales.

Vivre dans le froid

74 Depuis des millénaires, les peuples de l'Arctique ont vécu dans des conditions extrêmes. Comme les plantes sont rares, ils se nourrissent surtout d'animaux tels les baleines, les phoques, les poissons et les coquillages. Une seule baleine suffit à nourrir un village entier pendant plus d'une semaine !

1. L'homme découpe de grands blocs de neige bien tassée avec une scie adéquate.

2. Les blocs sont mis en cercle tout en étant inclinés légèrement vers l'intérieur.

3. L'homme laisse une toute petite entrée pour qu'il puisse y pénétrer. En forme de dôme, la construction protège du vent et de la neige.

75 Les animaux n'apportent pas seulement de la nourriture à l'homme. On brûle leur graisse dans les lampes pour se chauffer. On fabrique des vêtements et des bottes imperméables avec la peau des phoques ou des rennes à la fourrure épaisse.

76 Les ustensiles, comme les couteaux, les bols et les cuillères, sont également fabriqués à partir des animaux. Les os et les fanons des baleines, les dents des orques, les bois des rennes, les cornes du bœuf musqué ou les défenses des morses et des narvals sont sculptés et gravés par l'homme !

◀ « Igloo » veut dire « maison » en inuit. C'est un dôme de neige construit aujourd'hui pour servir d'abri temporaire lors des expéditions de chasse. Auparavant, les Inuits y habitaient à plus long terme !

▶ Les rames des canoës et des kayaks sont fabriquées avec du bois de dérive, c'est-à-dire des troncs ou des branches d'arbres tombés puis portés par les courants marins. Ici, ce canoë est équipé d'un moteur.

77 Les peuples de l'Arctique sont de grands pêcheurs : ils fabriquent eux-mêmes leurs canoës et kayaks. Le cadre en bois est recouvert de peaux de phoque enduites de graisse. Les différentes parties sont attachées avec des tendons d'animaux ; il n'y a ni colle, ni clou, ni vis !

78 Le kayak et le canoë sont des bateaux légers, faciles à transporter sur la neige et la glace. Les grandes embarcations permettent aux familles de transporter leurs biens vers un nouveau site de chasse.

◀ Les espaces entre les blocs de glace sont colmatés avec de la neige. Ainsi, le vent ne peut pas pénétrer à l'intérieur de l'igloo. L'homme doit ramper pour y entrer ou sortir car plus le trou est petit, moins la chaleur s'échappe.

QUIZ

Avec quels animaux les peuples de l'Arctique peuvent-ils fabriquer ces objets ?

A. des bottes
B. un manteau
C. des patins de traîneau

Réponses :
A. de la peau de phoque
B. de la peau de renne
C. des os de baleine

En compagnie des rennes

79 Des peuples, comme les Saamis et les Nénetses, habitent les terres avoisinantes du pôle Nord. En effet, dans la toundra et la taïga, ils vivent de l'élevage des rennes qui leur fournissent presque tout ce dont ils ont besoin.

▼ Ici, les éleveurs rassemblent le troupeau pour compter les animaux.

80 Les troupeaux de rennes effectuent leur migration naturelle. Ils rejoignent la toundra en été et retournent vers la forêt (la taïga) en hiver. Les éleveurs voyagent avec eux. Ils rassemblent le troupeau et le protègent des attaques des loups ou des ours.

81 Lors de cette longue migration, les rennes tirent des traîneaux chargés de tentes et de matériel. Les éleveurs comptent régulièrement leurs troupeaux. Si d'autres rennes se sont joints à eux, les hommes les échangent dans les villes locales contre des objets divers.

INCROYABLE !

La taïga est la plus grande forêt qui existe au monde. Mais, entre 1981 et 1995, près de 14 millions d'hectares d'arbres ont été abattus. Cela représente pratiquement la surface de toutes nos forêts françaises réunies. Près de 100 000 arbres tombent tous les jours !

82 **Le renne fournit à l'homme des ressources précieuses.** Avec sa peau, il fabrique des vêtements, des bottes, des tapis, des couvertures et des tentes. Son lait, avec lequel il fait des fromages, est délicieux et sa viande est très nutritive. Les bois et les os sont taillés pour fabriquer des outils ou des bijoux. Autrefois, l'homme façonnait même des amulettes avec les dents pour chasser les mauvais esprits !

▲ En suivant leurs troupeaux, les éleveurs plantent leurs tentes pour se reposer. Elles sont faites d'une armature en bois sur laquelle sont tendues des peaux de rennes. Faciles à démonter, elles sont également pratiques à transporter sur un traîneau !

Le bout du monde

83 **De nombreux aventuriers ont tenté d'atteindre le pôle Nord, situé au centre d'une immense plaque de glace : la banquise permanente.** Avant l'invention du satellite, il n'était pas facile de naviguer tout en sachant où l'on se trouvait exactement. Les premiers explorateurs devaient donc démontrer qu'ils avaient bien atteint leur but car laisser un drapeau sur de la glace ne prouvait rien !

▶ Le Fram a été pris dans les glaces trois hivers de suite – les températures ayant atteint −40 °C. Mais la coque spéciale du bateau lui a permis de résister à la forte pression de la glace.

84 **Entre 1819 et 1827, l'Anglais Sir William Parry tenta d'accéder au pôle Nord.** Le Norvégien Fridtjof Nansen fit la même chose de 1893 à 1896 sur son bateau, le *Fram*. Cependant, aucun des deux n'y parvint. Ce n'est qu'en 1909 que l'Américain Robert Peary arriva au pôle Nord, bien qu'aujourd'hui des experts ne soient pas sûrs qu'il y ait vraiment réussi !

85 **Richard Byrd et Floyd Bennet auraient survolé le pôle Nord le 9 mai 1926.** Cependant, comme pour Peary, certains experts sont très sceptiques, peu sûrs qu'ils y soient vraiment parvenus. Mais, le 11 mai de la même année, c'est-à-dire deux jours plus tard, Roald Amundsen vola au-dessus du pôle Nord à bord du *Norge*, un dirigeable !

◀ Aujourd'hui, certains scientifiques pensent que Robert Peary n'a jamais atteint l'emplacement exact du pôle Nord.

86 De nombreux moyens de transport ont été utilisés pour atteindre le pôle Nord. Fridtjof Nansen a essayé de le faire en bateau jusqu'à la banquise permanente puis en traîneau mais en vain. En 1958, des Américains ont traversé l'océan Arctique sous l'eau, à bord d'un sous-marin (le Nautilus) et sont passés sous le pôle Nord !

QUIZ

Tu vas au pôle Nord. Vas-tu emporter tous ces vêtements ou objets ?

A. Un maillot de bain
B. Un appareil GPS
C. Des skis et des bottes

Réponses :
A. Non car il fait trop froid.
B. Oui pour savoir où tu te trouves exactement.
C. Oui pour te déplacer sur la glace.

▼ Le 15 juillet 2007, Lewis Gordon Pugh a nagé un kilomètre dans les eaux glacées du pôle Nord, dont la température était à −1,8 °C ! Il l'a fait pour sensibiliser l'opinion sur le problème du réchauffement planétaire.

87 À ce jour, des expéditions sont organisées pour aller au pôle Nord. Par exemple, en 2007, l'artiste hollandais, Guido van der Werve, a passé 24 heures sur l'axe du pôle Nord. Ainsi, en restant sur place, c'est la planète qui a bougé et non lui ! De riches touristes peuvent également survoler le pôle Nord pendant quelques heures.

À la conquête du pôle Sud

▶ Lors de l'expédition de 1914-1915, l'Endurance resta prisonnier des glaces pendant dix mois avant que sa coque ne cède. On réussit néanmoins à sauver l'équipage.

89 **Après le voyage en bateau, la traversée du continent est très dangereuse.** L'explorateur irlandais, Ernest Shackleton, a fait plusieurs voyages en Antarctique en 1901-1902, avec le Discovery, et en 1914-1916, avec l'Endurance. Il n'a pas atteint le pôle Sud, mais il a contribué à y établir des bases, nécessaires pour les explorations futures.

88 **Il est très difficile de s'approcher du pôle Sud.** En 1820, l'officier de la marine russe, Fabian Gottlieb von Bellingshausen, fut peut-être la première personne à apercevoir le continent Antarctique. Il est possible que John Davis, un chasseur de phoques, ait posé le pied sur le continent en 1821. En 1839, le commandant James Clark Ross a navigué dans l'océan Austral pour établir la carte des contours de l'Antarctique.

PENTE GLISSANTE

Tu auras besoin de :
une planche de bois
des glaçons   un caillou
du bois   du plastique

Tiens ta planche comme si c'était une rampe. Pose un glaçon en haut, et laisse-le glisser. La glace fond, se transforme en eau et rend la planche glissante. Essaie de faire glisser d'autres matériaux, comme du plastique, du bois ou de la pierre. Il faudra que ta pente soit bien plus forte !

▲ Pour éviter de porter trop de nourriture, l'expédition d'Amundsen tuait et mangeait les chiens de traîneaux un par un.

90 En 1911, deux expéditions, dirigées par le Norvégien Roald Amundsen et l'officier anglais Robert Scott se lancèrent à la conquête du pôle Sud. Le monde entier était captivé par cette « course ». Amundsen, avec son équipe et ses chiens de traîneaux, a atteint le pôle le 14 décembre 1911. Scott et son équipe, partis sans chiens, arrivèrent un mois plus tard. Malheureusement, sur le chemin du retour, ils manquèrent de vivres et furent pris dans le blizzard. Aucun n'y survécu.

91 Aujourd'hui, des touristes aisés peuvent se rendre au pôle Sud. Plusieurs expéditions font le voyage chaque année. Elles rejoignent la base scientifique Amundsen-Scott, où elles vivent et travaillent en général pendant 6 mois.

▶ En 1997, une jeune mère de deux enfants, Laurence de la Ferrière, a traversé l'Antarctique jusqu'au pôle sans aucune assistance.

43

Les Pôles en danger

92 **Depuis 300 ans, les régions polaires sont exploitées par tous ceux qui s'y rendent.** On a tué les phoques, les baleines les poissons et d'autres animaux en très grand nombre. Dès les années 1950, ces créatures étaient devenues rares. En 1980, on a fortement réglementé la chasse à la baleine.

93 **Certaines régions polaires comme l'Alaska et la Sibérie sont riches en ressources comme le minerai et le pétrole.** On a installé des forages, et des pipelines transportent le pétrole et le gaz sur des milliers de kilomètres pour les amener vers les grandes villes.

◄ En se réchauffant, les eaux polaires font fondre la glace, si bien que la banquise se craque et se transforme en iceberg plus vite qu'autrefois.

INCROYABLE !

Certains savants disent que le niveau de la mer aura monté d'un mètre en 2010. Une élévation, même minime, provoquerait des inondations et ferait des milliers de sans-abri.

94 **La pollution touche les régions polaires.** De dangereux pesticides agricoles et des toxines industrielles contaminent les eaux arctiques. La couche d'ozone au-dessus de l'Antarctique est de plus en plus mince, à cause des gaz des bombes aérosol. Les marées noires ont dévasté une grande partie de l'Arctique.

95 **Les bouleversements climatiques ont des conséquences sur le monde entier.** L'habitat des ours polaires, des phoques, des manchots et de bien d'autres animaux disparaît. Des inondations submergeront des régions polaires où vivent des millions de personnes. Des bases scientifiques ont été installées pour étudier ces phénomènes.

▼ Le poteau rayé indique la position exacte du pôle Sud. On le remet en place tous les ans à Nouvel An, car la glace se déplace de 10 mètres par an.

▶ En nettoyant les oiseaux après une marée noire, on enlève la couche d'huile protectrice de leurs plumes. On leur enfile un petit manteau de laine pour leur éviter de mourir de froid.

96 **Les plus grands désastres sont encore à venir.** Le réchauffement de la planète, dû à l'effet de serre, a de graves conséquences. La calotte glacière fond et le niveau général de la mer s'élève.

Protéger les Pôles

97 **Les pays ont signé des accords pour protéger les régions polaires et les océans.** Même les touristes peuvent causer des dégâts. Les bateaux de croisière dérangent les baleines et les autres animaux, et laissent des déchets sur place.

▼ Ce scientifique observe une colonie de manchots empereurs près de la mer de Weddell, en Antarctique, pour analyser les effets des changements climatiques sur leur nidification.

98 **En 1994, l'océan Austral a été déclaré sanctuaire marin pour les baleines.** Cela signifie qu'on ne peut plus les chasser. Du coup, d'autres animaux profitent de cette tranquillité. Néanmoins, certains pays continuent à chasser les baleines, et les bateaux viennent toujours dans la région pêcher du krill, des poissons et des calamars. Mais plus on attrape de poissons, moins il en reste pour les baleines et les autres animaux.

99 **Certaines régions de l'Arctique sont également protégées.** Certains pays aimeraient y chercher du pétrole et du gaz ainsi que d'autres minerais. Les grandes entreprises essaient d'influencer les gouvernements ou de contourner la loi. Les activités industrielles créent des emplois, mais elles causent beaucoup de pollution.

QUIZ

Trie ces moyens de transport du plus rapide au plus lent.

A. marche
B. motoneige
C. ski
D. traîneau tiré par des chiens

Réponses : D C B A

100 **Les régions polaires et les océans sont souvent loin de nos préoccupations.** Ce sont les dernières terres sauvages sur Terre. Les conditions de vie y sont très dures, et les animaux doivent s'y adapter pour ne pas mourir. Pourtant, ces régions ont besoin de notre aide pour ne pas disparaître.

Index

A
Alaska 45, 47
albatros 30
Aléoutes 34
Amérique du Nord 13, 17, 25
Amundsen, Roald 40, 43
anémone de mer 28
Antarctique 8, 9, 11, 14–15, 24, 26–27, 28–29, 30–31, 32–33, 42–43, 44–45, 46-47
antigel 29
Arctique 8-9, 10–11, 12–13, 16–17, 18–19, 20–21, 22–23, 24–25, 32-33, 34–35, 36–37, 38–39, 40–41, 44–45, 46
aurores polaires 11

B
baleine à six bosses 25
baleine blanche 22
baleine bleue 22–23, 26
baleine boréale 23
baleine du Groenland 22
baleine grise 25
baleines 20, 22–23, 25, 26, 28, 34, 36, 44, 46
Barents (mer de) 25
bases scientifiques 43
béluga 22
Bennet, Floyd 40
bernache nonette 25
blocs de glace 12, 14–15, 36–37
bœuf musqué 17, 19, 36
brise-glace 7, 34
Byrd, Richard 40

C, D
cachalot 25
calotte glaciaire 15
campagnols 19
Canada 34
canoë 37
caribous 13
CFC 46
charbon 35, 44
chasse 18-19, 23, 35, 36-37, 42, 44, 46
Chukchis 34
cinclode fuligineux 31
couche d'ozone 45, 46
Davis, John 42
   de la Ferriere, Laurence 43
défenses 21, 23, 36
Desmonema glaciale 28

E, F
élan 17
éléphant de mer 26–27, 31
Endurance 42
épaulard 23
été 10–11, 12–13, 16–17, 21, 22, 24-25, 26–27, 29, 38
Europe 10
expéditions 41, 42–43
explorateurs 40–41, 42–43
fanons 22–23, 36
fer 8, 44
forage 44, 46
forêts 13, 38
fourrure 16, 19, 20, 21, 33, 36, 39
Fram 40

G
gaz naturel 44, 46
glace 6-7, 9, 12, 14–15, 18, 20, 31, 32, 34–35, 37, 40, 42, 44–45
glaciers 12, 14–15, 35, 45
graisse 19, 20, 23, 33, 36–37
Groenland 9, 35

H
harfang des neiges 16
hiver 9, 10–11, 12–13, 16–17, 19, 25, 29, 38, 40

I, J
icebergs 12-13, 14–15, 35, 44
igloos 36–37
inlandsis 15
Inuit 34, 36
isatis 18
jour polaire 10

K, L
kayak 37
Koryaks 34
krill 20, 25, 26, 32, 46
Labbe de McCornick 31
lagopède 16
lemming 16, 19
léopard de mer 26
lièvre arctique 12, 19
loups 13, 17, 18–19, 38

M
magnétisme 8, 11
manchot Adélie 32
manchot empereur 9, 32, 33, 46
manchot royal 31, 33
manchots 9, 31, 32–33, 45, 46
méduses 28
migration 12–13, 22, 24–25, 30, 38, 46
minerais 35, 44, 46
morses 21, 36

N
Nansen, Fridtjof 40-41
narvals 22–23, 36
Nénetses 38
Norge 40

O
océan Arctique 9, 12, 15, 21, 22–23, 25, 40, 41
océan Austral 9, 14–15, 26–27, 28–29, 30, 32, 42, 46
oies 25
oiseaux 16, 23, 24–25, 30–31, 32–33, 45
ombrelle 28
or 44
orignal 17
orques 23, 25, 36

ours brun 13, 17, 38
ours polaire 18–19, 20, 23, 45

P
Parry, William 40
Peary, Robert 40
pêche 31, 34–35, 37, 44
permafrost 13
pétrole 35, 44, 46
peuples de l'Arctique 34–35, 36–37, 38–39
phoque à capuchon 20
phoque annelé 20
phoque barbu 20
phoque crabier 26
phoque du Groenland 20
phoque tacheté 20
phoques 18, 19, 20–21, 23, 26–27, 28, 34–35, 36–37, 44–45
pipeline 44
plancton 23, 26
plumes 16, 32–33, 45
pôle Nord 8–9, 10–11, 24, 38, 40–41, 44–45
pôle nord magnétique 8
pôle Sud 8–9, 11, 42–43, 44–45
pôle sud magnétique 8
pôles géographiques 8-9
pollution 45, 46
Pugh, Lewis Gordon 41

R
réchauffement climatique 41, 44-45
renard polaire 18
rennes 12–13, 19, 36, 38–39
reproduction 16, 21, 23, 24–25, 30-31, 32–33, 46
requins 25
rorquals 23, 26
Ross, James Clark 42

S
Saamis 38
saisons 9, 10–11, 12–13, 15, 16–17, 19, 21, 22, 24–25, 26–27, 29, 38, 40
Scott, Robert 43
Shackleton, Ernest 42
Sibérie 34, 44
soleil de minuit 10
solstices 10–11
souslik arctique 17
spermophile arctique 17
sterne arctique 24–25

T
taïga 13, 38
Titanic 15
toundra 12–13, 16–17, 25, 38
tourisme 35, 41, 43

U, V
ursidés 13, 17, 18–19, 20, 23, 38, 45
van der Werve, Guido 41